Das machen wir

Ein Bilderbuch aus Indien

Ramesh Hengadi & Shantaram Dhadpe (Illustration)

Unter Mitwirkung von Rasika Hengadi & Kusum Dhadpe

Gita Wolf (Konzept und Text)

Baobab heißt der Affenbrotbaum, in dessen Schatten sich die Menschen
Geschichten erzählen. Baobab heißt auch die Buchreihe, in der Bilderbücher,
Kindergeschichten und Jugendromane aus Asien, Afrika, Lateinamerika
und dem Nahen Osten in deutscher Übersetzung erscheinen. Herausgegeben
wird sie von Baobab Books, der Fachstelle zur Förderung kultureller Vielfalt
in der Kinder- und Jugendliteratur.

Informationen zu unserem Gesamtprogramm und unseren Projekten
finden Sie unter www.baobabbooks.ch

Copyright der deutschsprachigen Ausgabe © 2011 Baobab Books, Basel, Switzerland
Alle Rechte vorbehalten

Illustration: Ramesh Hengadi & Shantaram Dhadpe
Konzept und Text: Gita Wolf
Lektorat: Sonja Matheson
Satz: Bernet & Schönenberger, Zürich
Druck: Siebdruck in Handarbeit, AMM Screens, Chennai, Indien
ISBN 978-3-905804-18-8

Titel der Originalausgabe: »Do!«
Copyright © 2009, Tara Publishing, Chennai, India

Die Deutsche Bibliothek verzeichnet diese Publikation in der Deutschen
Nationalbibliografie, detaillierte bibliografische Daten sind im Internet unter
http://dnd.d-nb.de abrufbar.

Vorwort

Seit sich die Warli erinnern können, ist das Malen von Bildern ein wichtiger Teil ihres Lebens. In diesem Buch können wir in vielen Details den Alltag dieser Menschen in Indien entdecken. Je länger wir hinschauen, umso mehr sehen wir.
Die Warli gehören zur indigenen Bevölkerung Indiens und leben im Gebiet nördlich von Mumbay. Ursprünglich waren die Warli Jäger und Sammlerinnen in den Wäldern, heute arbeiten sie vor allem auf dem Feld und bauen Reis an, ihr Hauptnahrungsmittel. Wichtig sind für sie zudem die Früchte der Kokos- und der Dattelpalme. Die einfachen Häuser der Warli haben unter dem Dach einen Lagerraum für Esswaren in Tontöpfen, den sie manchmal mit den Mäusen teilen müssen.

Früher dienten eindrückliche Wandbilder hauptsächlich dazu, Gottheiten zu Festen einzuladen. Das wichtigste Bild, meistens von Frauen gemalt, war jenes der Göttin Palaghata, die bei keiner Hochzeit fehlen durfte. Und das ging so: Die Frauen bereiteten eine Wand im Haus mit Kuhdung und rotbrauner Erde vor. Die Farbe wurde aus einer Reispaste hergestellt, der Pinsel aus einem Stück Bambus. Zuerst malten die verheirateten Frauen ein mit verschiedenen Mustern verziertes Viereck, das dann mit der Hochzeitsgöttin Palaghata belebt wurde. Die Form der Göttin bestand aus zwei Dreiecken, einem weiblichen, dessen Spitze nach unten schaut, und einem männlichen, dessen Spitze nach oben schaut. Die Linien der zwei Dreiecke durften sich aber nicht berühren. Dies im Gegensatz zu den zwei Dreiecken, die die Menschen darstellen und immer spitz aufeinandertreffen. Über der Göttin standen Sonne und Mond und innerhalb des Körpers der Göttin malten die Frauen oft das Hochzeitspaar auf einem Pferd. Die Göttin wurde von einem fünfköpfigen Gott auf einem Pferd begleitet, meistens auch in ein Viereck eingeschlossen. Den freien Raum um die Vierecke herum durften alle mitgestalten: die Kinder, die unverheirateten Frauen und die Männer. Es entstanden Bäume, Tiere, Vögel, Tänzerinnen und Tänzer in freier Bewegung.

Die Hochzeitsgöttin Palaghata ist in diesem Buch allerdings nicht zu finden. Aber die traditionellen Instrumente, zum Beispiel die Trommel und ein flötenartiges Instrument, das Tarpa genannt wird. Es wird aus einem getrockneten Kürbis, einem hohlen Bambusstengel sowie einem aus Palmenblättern gefertigten »Trichter« hergestellt. Man findet die Tarpaflöte im Zentrum der tanzenden Frauen und Männer. Seit einiger Zeit malen die Warli auch auf Papier und Stoff und es sind heute vor allem die Männer, die mit diesen beeindruckenden und lebendigen Bildern die Welt der Warli bekannt machen. Sie verwenden keine Reispaste mehr und benutzen manchmal auch bunte Farben. Durch den Verkauf der Bilder haben die Familien ein dringend benötigtes Einkommen.
Die in diesem Buch von Ramesh Hengadi und Shantaram Dhadpe mit Hilfe ihrer Ehefrauen gezeichneten Formen verbinden geschickt die alte Maltechnik mit neuen Ideen. Lesende Warli finden wir in den alten Wandbildern noch nicht, dafür aber in diesem Buch ...

Eveline Masilamani-Meyer und Sonja Matheson

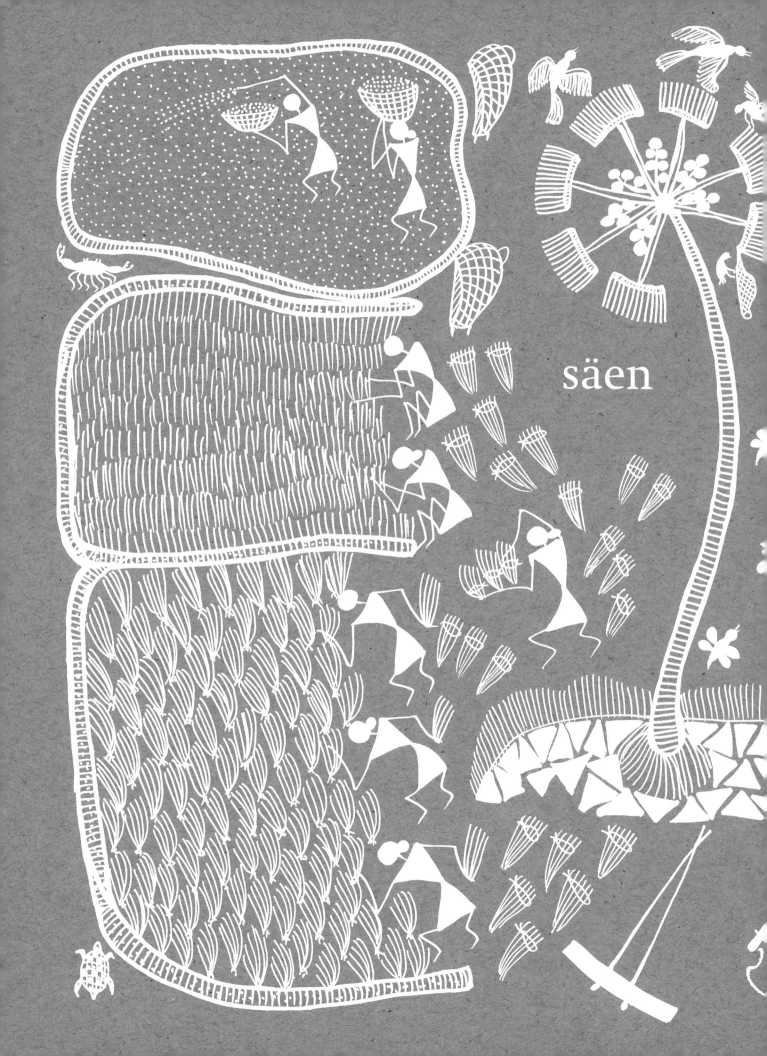

säen

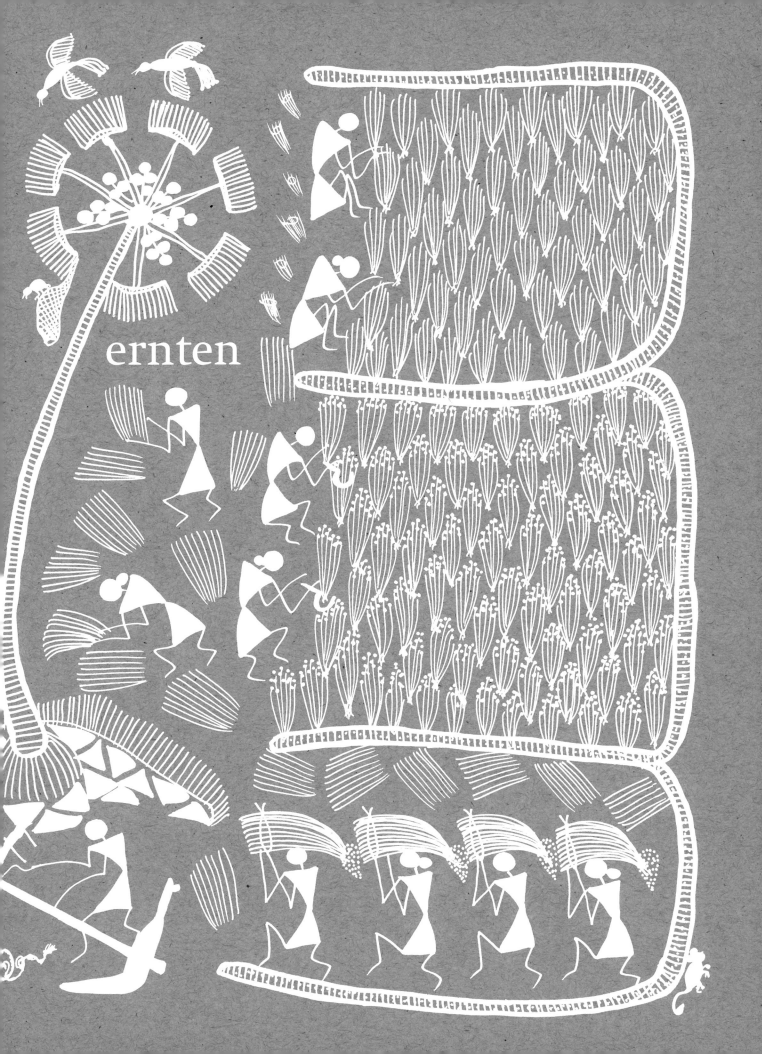

ernten

tragen

ziehen

arbeiten

fischen

kämpfen

sitzen

ruhen

reden

trinken

essen

lesen

rennen

klettern

spielen

tanzen

zeichnen

Das machen wir

Ein Bilderbuch aus Indien

Illustrationen von Ramesh Hengadi und Shantaram Dhadpe
Konzept und Text von Gita Wolf

Ramesh Hengadi und Shantaram Dhadpe
gehören als Angehörige der Warli zur indigenen
Bevölkerung Indiens.

Ursprünglich lebten die Warli als Jäger und
Sammlerinnen in den Wäldern, bis sie zur Zeit
der englischen Kolonialherrschaft gezwungen
wurden, sesshaft zu werden. Die Warli pflegen
auch heute eine enge Beziehung zu den Tieren
und der Natur, das ist in den Bildern dieses
Buches schön zu sehen. Ursprünglich malten
sie mit einer weißen Reispaste auf die Lehmwände ihrer Häuser. Seit einiger Zeit benutzen
sie aber auch Papier und Stoff, und neben
dem traditionellen Weiß malen sie manchmal
auch in Farbe.

Ramesh Hengadi und Shantaram Dhadpe wurden beide schon mehrfach für ihre Arbeit ausge-
zeichnet und haben an vielen Ausstellungen
teilgenommen. Nun ist aus ihren Illustrationen
dieses Buch fast ohne Wörter, aber voller
Aktion und voller Geschichten entstanden.

Dieses Buch erscheint in der Reihe Baobab – herausgegeben
von Baobab Books, der Fachstelle zur Förderung kultureller
Vielfalt in der Kinder- und Jugendliteratur. Informationen
zu unserem Gesamtprogramm und unseren Projekten finden
Sie unter www.baobabbooks.ch

Ramesh Hengadi / Shantaram Dhadpe / Gita Wolf
Das machen wir
40 Seiten, gebunden, 21 × 28 cm
Siebdruck, Handarbeit
Umschlag aus handgeschöpftem Papier
978-3-905804-18-8
CHF 35.00 / EUR꜡D 26,00 / EUR꜡A 26,80

Erhältlich in Ihrer Buchhandlung

In der Druckerei

»Das machen wir« wurde im Siebdruckverfahren in einer Werkstatt in Indien von Hand hergestellt – selbstverständlich unter fairen Arbeitsbedingungen. In diesem lokalen Unternehmen wird das Buch zum Kunstwerk: Die weiße Farbe gedruckt auf Recycling-Papier erweckt die Lehmwände der Häuser der Warli zum Leben. So, als ob wir im Westen Indiens zu Besuch wären.

Der Drucker begutachtet den Film im Gegenlicht. Ist er einwandfrei, wird das Gut zum Druck erteilt.

An der Siebdruckpresse geht es um Maßarbeit: Ein Mitarbeiter legt das Blatt passgenau ein, …

… der andere führt genau dosiert die weiße Druckfarbe.

Auf Holzgestellen wird jede Seite einzeln zum Trocknen eingelegt.

Ein Buch setzt sich aus 20 Druckbögen zusammen, die alle auf ihre Qualität geprüft, …

… von Hand gefalzt und zum Buchblock gebunden werden.

Shantaram Dhadpe (*1965)   Ramesh Hengadi (*1974)

Die Künstler

Shantaram Dhadpe und Ramesh Hengadi leben im Thane Distrikt im westindischen Bundesstaat Maharashtra. Die traditionelle Malerei der Warli haben sie zu ihrem Beruf gemacht. Auf Anregung der indischen Verlegerin Gita Wolf haben die beiden Künstler eigens für dieses Buch das Leben und den Alltag der Warli dargestellt.